Björn Bedey (Hrsg.)
Die Anfangszeit der Eisenbahn im 19. Jahrhundert.
Ein historischer Bildband

AF131850

SEVERUS Verlag

Bedey, Björn (Hrsg.): Die Anfangszeit der Eisenbahn im 19. Jahrhundert.
Ein historischer Bildband. 2021
Neuauflage der Ausgabe von 1924
ISBN: 978-3-96345-246-8

Korrektorat: Tamara Boerner
Satz: Tamara Boerner

Umschlaggestaltung: Annelie Lamers, SEVERUS Verlag
Umschlagmotiv: www.pixabay.com

Bibliografische Information der Deutschen Nationalbibliothek: Die Deutsche Nationalbibliothek verzeichnet diese Publikation in der Deutschen Nationalbibliografie; detaillierte bibliografische Daten sind im Internet über https://dnb.de abrufbar.

Der SEVERUS Verlag ist ein Imprint der Bedey & Thoms Media GmbH,
Hermannstal 119k, 22119 Hamburg

SEVERUS Verlag, 2021
http://www.severus-verlag.de
Gedruckt in Deutschland

Björn Bedey (Hrsg.)

Die Anfangszeit der Eisenbahn im 19. Jahrhundert

Ein historischer Bildband

Vorwort

Dampflokomotiven vor atemberaubenden Naturkulissen, Empfangshallen der ersten Bahnhofsgebäude der Welt, eigens erfundene Maschinen für einen leichteren Bau der Holz- und Eisenschienen, verschiedenste Brückenarten, kilometerlange Tunnel, aber auch Unfälle, die die Welt erschütterten – das Thema rund um die Eisenbahn bietet ein breites Spektrum unterschiedlichster Sachgebiete.

Die Geschichte der Dampflokomotiven begann mit der Erfindung der Dampfmaschine im Jahr 1712. Der englische Eisenhändler und Erfinder Thomas Newcomen (1663–1729) sah sich dem Problem gegenübergestellt, das in die Bergwerke fließende Grundwasser, auch bekannt als Wasserhaltung, abpumpen zu müssen. In den nächsten Jahren entwickelte er also eine Maschine, die es mithilfe einer Wassereinspritzung ermöglichte, den Unterdruck im Zylinder zu erhöhen. Durch den auf ihn wirkenden Luftdruck konnte der Kolben schneller wieder in den Zylinder geschoben werden. Man erkannte das Potential der Maschine und sie wurde in vielen Bergwerken erfolgreich eingesetzt. Ende des 18. Jahrhunderts entwickelte der schottische Erfinder James Watt (1736–1819)[1] die von Newcomen gebaute Dampfmaschine weiter. Um den Verbrauch des Wasserdampfes für die Aufheizung des Zylinders zu reduzieren, fügte er einen Kondensator hinzu, der für die Kondensierung des Wasserdampfes sorgte. Schließlich optimierte auch der britische Ingenieur und Erfinder Richard Trevithick (1771–1833) das Prinzip der Dampfmaschine: Er verringerte die Größe der Maschinen und entwickelte stärkere Dampfkessel mit einem höheren Dampfdruck. Im Jahr 1804 baute der Ingenieur eine Hochdruckdampfmaschine, die er an einem Fahrwerk befestigte – die erste Dampflokomotive war geboren.

---

1 Für detailliertere Informationen ist an dieser Stelle zu empfehlen: Theodor Beck: »James Watt und die Erfindung der Dampfmaschine«, erschienen im SEVERUS Verlag

1

Dem anfangs beeindruckendem Durchbruch folgte jedoch schnell Ernüchterung: Zwar konnte die Lokomotive Güter und Personen transportieren und erreichte ohne Ladung sogar eine Geschwindigkeit von bis zu 25km/h, jedoch brachen auf einigen Streckenabschnitten die gusseisernen Schienen[2] unter der Dampflokomotive, da diese zu schwer war, um auf den für Pferde konzipierten Schienen zu fahren. Nach einigen Monaten wurde der Betrieb wieder eingestellt.

Trotz einiger Rückschläge gaben die Ingenieure und Erfinder nicht auf. Man beschäftige sich zunehmend mehr mit Details und neuen Formen der Antriebskraft. Um auch größere Steigungen auf den Schienenstrecken mühelos bewältigen zu können und die Gefahr zu vermeiden, dass die Stahlräder der Lokomotiven dabei auf den Schienen durchdrehen könnten, konstruierte der englische Bergingenieur John Blenkinsop (1783–1831) die Zahnradbahn. Im August des Jahres 1812 wurde sie zum ersten Mal in Betrieb genommen. Auch die Dampfeisenbahn wurde weiter optimiert, gab es schließlich immer noch kein ausreichend funktionierendes Modell: George Stephenson (1781–1848) baute 1814 eine Dampflokmotive, die als erste erfolgreich funktionierende ihrer Art eingesetzt werden konnte. Zwar war Stephenson nicht der Erfinder der Dampflokomotive, doch weil Trevithicks Modell nicht standhalten konnte, ist er bis heute als der »Hauptbegründer des Eisenbahnwesens« bekannt.

Nachdem nun die Popularität und auch die Begeisterung bezüglich der Lokomotiven immer mehr wuchsen, sollte auch die Personenbeförderung eine große Rolle spielen. Auf der Strecke zwischen Stockton und Darlington in England (»Stockton and Darlington Railway«) begann die Planung für eine Schienenstrecke. Stephenson schlug vor, anstelle von Schienen aus Holz lieber Gusseiserne zu verlegen, welche deutlich mehr Gewicht tragen konnten. Im September 1825 war es schließlich soweit: Die von Stephenson gebaute »Locomotion No. 1«

---

2   Eisenschienen gibt es seit dem 18. Jahrhundert. Doch schon früher wusste man sich zu helfen, um die von Nutztieren angetriebenen Wagen leichter voranzutreiben: Bereits in der Antike gab es künstlich angefertigte Spurrillen und seit Anfang des 17. Jahrhunderts aus Holz gefertigte Schienen. Diese brachten jedoch den Nachteil mit sich, dass sie durch die in den Bergwerken herrschende Feuchtigkeit schnell vermoderten.

befuhr die 40 Kilometer lange Strecke als erste Dampflokomotive, die Personen transportierte. Die zweite öffentlich befahrbare Strecke in England wurde 1830 fertiggestellt und reichte von Liverpool bis nach Manchester. Die Streckennetze wurden weiter ausgebaut und auch Fernbahnen führte man ein; die erste ihrer Art in Europa, die »Grand Junction Railway«, führte 132 Kilometer durch Mittelengland und wurde ab 1837 in Betrieb genommen.

Das exponentielle Wachstum des Eisenbahnstreckennetzes machte sich langsam aber sicher in allen Teilen der Welt bemerkbar. Nachdem in den Vereinigten Staaten im Jahr 1829 die erste Dampflokomotive in Betrieb genommen wurde, weitete sich das Streckennetz bis 1833 auf 219 Kilometer aus – die bis dahin weltweite längste Schienenstrecke. Doch auch in Europa wurde fleißig gebaut: Bis 1845 wuchs die Gesamtlänge der Schienen in Deutschland auf ganze 2.000 Kilometer – zum Vergleich: 2017 lag die Gesamtlänge bei 33.590 Kilometer.

Der technische Erfolg hatte allerdings auch seine Schattenseiten: Zusammenstöße, Explosionen und entgleiste Züge waren damals nichts Ungewöhnliches und sind leider bis heute keine Seltenheit. Einige der größten Tragödien der Eisenbahngeschichte bleiben bis heute unvergessen; zum Beispiel die überladene Lokomotive im Jahr 1917 in Saint-Michel-de-Maurienne, Frankreich, bei deren Entgleisung über 700 Soldaten ihr Leben verloren haben oder auch die Kohlenmonoxidvergiftung von über 500 Menschen, die sich 1944 in Balvano, Italien, in einem Zug befanden, dem bei der Durchfahrt durch einen Tunnel die Kohle ausging

Entglittene und von Lawinen überrollte Eisenbahnen, aber auch Kollisionen mehrerer Lokomotiven sind auch Thema dieses Buches. Die dargestellten Unglücke sind unter anderem auf Eisenbahnstrecken in England, den USA und Australien geschehen.

Der Autor John Fuhlberg-Horst (1890–1949) war sehr technikversiert. Seine Werke und die darin enthaltenden technischen Erläuterungen werden alle unterstützt von Abbildungen und Fotos. Mit Büchern wie »Auto, Schiff und Flugzeug. Ein Buch von Technik und Abenteuern«, »Von Küste zu Küste. Seefahrt über alle Meere der Welt« oder auch »Der Hamburger Hafen« behandelt Fuhlberg-Horst gleich eine ganze Bandbreite technischer Themen. Er erläutert darin Themen wie die Entwicklung des Automobils von den Zwanzigern bis in die dreißiger Jahre, den Schiffsbau, die Geschichte der ersten Flugversuche und noch viele mehr.

In diesem Bildband führt er uns mit beeindruckenden Fotos durch die Geschichte der Dampflokomotive. Uns erwartet eine Reise von den Anfängen des mit Blut und Schweiß durchzogenen Baus der Maschinen und Schienenstrecken, längst vergangene Landschaften hinter dampfenden Maschinen, bis heute erhaltene Bahnhofshallen, bis hin zu beeindruckenden, über tiefe Abgründe führende Eisenbahnbrücken.

Bis heute ist die Lokomotive ein aktuelles Thema und fasziniert noch immer die verschiedenen Generationen. Sie verbindet Menschen, sorgt somit für Globalität und wird immer weiter verbessert und weiterentwickelt. Auch die Streckennetze wachsen zunehmend: Mittlerweile wurde weltweit eine Gesamtlänge von über 1.100.000 km erreicht[3], während sie 1880 noch bei 300.000 km lag. Die längste Eisenbahnstrecke ist heute die Transsibirische Eisenbahn mit einer Länge von 9.288 km. Sie führt von Moskau bis nach Wladiwostok und man ist knapp über sieben Tage unterwegs, während man durch sieben Zeitzonen fährt.

Ein Leben ohne Eisenbahnen – heutzutage also undenkbar.

Lisa Seidelt
SEVERUS Verlag

---

3   Daten aus dem Jahr 2013.

Bau der Dubissabrücke

Deutsche Flachlandstrecke. Überquerung einer Bahnlinie
durch eine Hochspannungsleitung

Viergleisige Strecke der Pennsylvania-Bahn durch
die Alleghany Mountains bei Lewiston Narrows

Schienenstrecke zu beiden Seiten des Flusses im Eagle Canon, Colorado

Der Glasgow-Carlisle-Express bei Abingdon

Der North Coast „Limited" bei der Ausfahrt von St. Pauli

Zwischen Golf von Mexiko und Atlantischem Ozean
Streckenbild der „Florida East Coast Railway". Damm über die Untiefen
zwischen den „Keys", Inselkette südwestlich von Miami (Florida).

The „Great Divide", höchster Punkt der Kanadischen Pazifik-Eisenbahn

Grenze zwischen Alberta und British Kolumbien

Drei Strecken in verschiedener Höhe

Oroya Railway von Peru über die Anden zum Amazonenstrom

Berner Alpenbahn. Die drei Linien übereinander beim Blausee

Trans-Kanada-Express im Felsengebirge
Montreal–Vancouver, 2886,7 engl. Meilen in 90 Stunden
Offener Aussichtswagen

Kanadischer Weizenzug

Überlandzug der Kanadischen Pazifik-Eisenbahn der
Ansiedler nach dem Westen bringt

Das „Gap" i. Felsengebirge an der Strecke d. Kanadischen
Pazifik-Eisenbahn

Der Nordpazifische Transkontinent-Express mit zwei Lokomotiven auf einer Steigerung von 116 Fuß je engl. Meile. Wenn der Zug besonders schwer ist, wird eine dritte Lokomotive dahinter gekoppelt

Der „Fast Denver Limited" auf einer Steigung von 1:25 in den Wasatc[

Mountains, Utah, U.S.A. Vier Lokomotiven vorn, eine hinten

Mount Stephen, benannt nach dem ersten Präsidenten der
Kanadischen Paifik-Eisenbahn

Lüderitzbucht, Südwest-Afrika. Provisorische Strecke
für den Kriegsgebrauch

Scharfe Kurve in Mexiko

Mexikanische Waldbahn

Mexikanische Waldbahn

Gleisstück und Zug der Sutschanbahn
(Sibirien)

Bahnwärterhaus in der Namab
(Südwestafrika)

Gleisstrecke und Kurve
einer Waldbahn in
Galizien

Eröffnungszug der
Waldbahn Sokoliki –
Stuposiany in Galizien

Personenzug bei Obertürkheim (Württemberg)

Eisenbahnstrecke Stuttgart – Ludwigsburg. Straßenbrücke bei
Zuffenhausen

Lokomotive der Eskdale-Klein-Eisenbahn zwischen Ravenglass und Boot (Cumberland)

Private Garteneisenbahn auf dem landsitz Blakesley-Hall (Towcester, England). Spurweite 381mm

Öffentliche Eskdale-Klein-Eisenbahn zwischen Ravenglass und Boot,
Cumberland, Spurweite 381mm. Offene Sommerwagen

Zug derselben Bahn, wie oben, mit geschlossenem Personen- und Gepäckwagen

Bahnhof Obertürkheim

Alter Bahnhof Stuttgart. (Bis 1922)

Der alte Stuttgarter Bahnhof. Gemälde von Hermann Pleuer

Hauptbahnhof Stuttgart, Empfangsgebäude

Hauptbahnhof Stuttgart, Empfangsgebäude

Hauptbahnhof Stuttgart, Empfangsgebäude

Hauptbahnhof Stuttgart, Empfangsgebäude, Nebeneingang

Hauptbahnhof Stuttgart, Kopfbahnsteighalle

Hauptbahnhof Stuttgart, Wartesaal 1. und 2. Klasse

Metz, Bahnhofshalle

Basel, Empfangsgebäude des badischen Bahnofes

Hauptbahnhof Leipzig, Querbahnsteig

Die neue Waterloo-Station der „London and South Western Railway"

Union-Station, Washington; Pennsylvania-Bahn

Leipzig. Hauptbahnhof

Bahnhof Gornergrat bei Zermatt, 3022m

Station Eigergletscher der Jungfraubahn

Dorfbahn in Deutschland (Bernhausen, Württemberg)

Wetterhorn-Aufzug. Oberes Stationsgebäude

Australischer Bahnhof, Chatswood, Neu-Süd-Wales

Deutscher Kleinstadt-Bahnhof (Maulbronn, Württemberg)

Bahnhofsgebäude in Göteburg,
Wartehalle

Bahnhofsgebäude in Göteburg,
Wartehalle

Bahnhofsgebäude in Malmö,
Bahnhalle

Bahnhofsgebäude in Malmö

Viadukt über den Bahnhof in Malmö

New York, Endstation der Pennsylvania-Eisenbahn

Endstation der Pilatus-Bahn

Montreal, Kanada. Windsor Station

Der Trans-Kanada-Express verlässt Windsor Station, Montreal

St. Pankras, London. Endstation der Midland Railway

Wüstentation. Hinter dem Tender der Wasser-Tankwagen

Endstation der Never-Stop Railway in der Wembley-Ausstellung 1924, Wembley London; Zeigt, wie ständig laufende Wagenreihe ohne einen Augenblick Verzögerung am Endbahnhof umwendet

Hotel Vancouver, Vancouver, British Columbia, eines der 13 Palasthotels,
die von der Kanadischen Pazifik-Eisenbahn unterhalten werden und
eine fortlaufende Kette längs der Bahnstrecke bilden

Hotel Empress Victoria, B.C., wie das vorige der Kanadischen Pazifik-Eisenbahn gehörend

Hotel der Kanadischen Pazifik-Eisenbahn in Quebec

Hotel „Chateau Lake Louise", Alta, Rocky Mountains, ebenfalls unterhalten
von der Kanadischen Pazifik-Eisenbahn

Banff Springs Hotel (s. unten). Schwimmbad

Banff Springs Hotel, Banff, Alta, im Herzen des Kanadischen Felsengebirges, wie die vorigen zu den 13 von der Pazifik-Eisenbahn eingerichteten und unterhaltenen Hotels gehörend

Vom Bau der ersten transkontinentalen Eisenbahn durch Nord-Amerika: verteidigung des bauzuges gegen Angriffe feindlicher Indianer

Indianer als Messhilfen in Bolivien

Anwerbung von Bauarbeiten im englischen Südafrika

Ingenieure mit kriegerischer Bedeckung im
französischen Somaliland

Ingenieure vor ihren Winterquaieren in der Kirgisensteppe

Ingenieur-Expedition im persischen Elbusgebirge

Transport von Erde in Körben durch Chinesen,
Bahnbau in Sibirien

Abmessungsarbeiten für eine Eisenbahnanlage in den
Eisregionen Sibiriens

Aufstieg zu Vermessunsarbeiten im Sinaigebirge

16 1/2 Tonnen Dynamit sprengen 20.000 Tonnen Granit. Lackawanna-Eisenbahn (Vereinigte Staaten von Nordamerika). Oben vor, unten nach der Explosion

Panorama von Laudi Kotal, Khyber Pass

Bau der Eisenbahn unter Mitwirkung von bewaffneten Truppen zum Schutze gegen die kriegerischen Eingeborenen

Bau der Eisenbahn im Khyber Pass
Lebensmittelkolonne mit Maultieren in den Hügeln
von Ali Musjid

Bau der Eisenbahn im Khyber Pass.
Lebensmittel-kolonne mit Maultieren

Maschine, die Schwellen und Schienen legt. 126 engl. Meilen in 26 Tagen!

Bahnbau in Wyoming, Gravel Pit. Brechen von Granit für die Unterbettung

Gleisverlegung in Norrland

Schlitten mit Maschinenanlage, von zwei Mann getragen

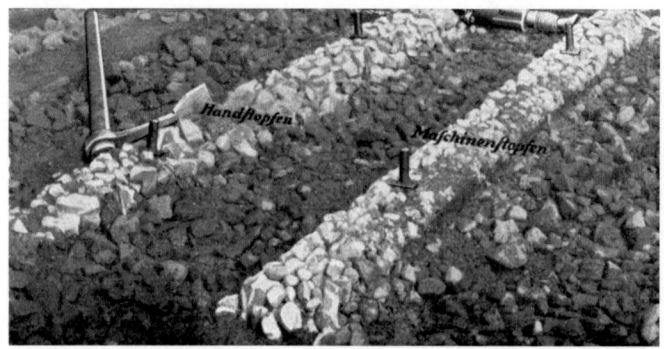

Maschinenstopfen im Vergleich mit Handstopfen

Gleisstopfmaschine Modell 1924 bei der Arbeit

Italiener beim bau des Lötschbergtunnels der Berner Alpenbahn

Cathedral Mountain (Kathedralberg) an der
Kanadischen Pazifik-Bahn

Einschlagen des letzten Nagels beim Bau der
Kanadischen Pazifik-Eisenbahn,
7. November 1885

Brücke über den Spöl
bei Zernoz

Die Bietschtalbrücke der
Lötschbergbahn

Brücke über den Sambesi unterhalb
der Viktoria-Fälle

24 eingleisige Überbauten für die Flutöffnungen der zweigleisigen
Eisenbahnbrücke über den Rhein unterhalb Ruhrort

Versuchsbrücke aus Chrom-Nickelstahl über die
Segerothdtraße und die Köln-Mindener Anschlussbahn
in Hessen

Zwei sich kreuzende Brücken über die Reglitz bei Settin

Staatsbahnbrücke über die Mulde und das Überschwemmungsgebiet bei Eilenburg

Laufenmühle-Viadukt auf der Strecke Schorndorf–Welzheim
(Württemburg)

Strümpfelbach-Viadukt auf der Strecke Schorndorf–Welzheim
(Württemburg)

Neckarbrücke beim Rosenstein, Stuttgart

Eisenbahnbrücke über die Ehmannstraße, Stuttgart

Wohnhäuser unter dem Viadukt der Stuttgart–Ludwigsburg Eisenbahn beim Nordbahnhof Stuttgart

Zweigleisiger Viadukt der linie Zittau–Oybin

Kanderviadukt bei Frutigen. Berner Alpenbahn

Viadukt Luegelkinn im Bau. Berner Alpenbahn

Eisenbahn Villar–Chesières mit Blick auf den Mont Blanc

Brücke (60m hoch) zu Eglisau (Kanton Zürich)

Bodensee–Toggenburgbahn, Thur, 1. Brücke bei Krummenau mit Blick
auf die sieben Churfirsten

Bodensee–Toggenburgbahn, Thur, 1. Brücke bei Krummenau

Der Albula-Viadukt

Eisenbahnbrücke über die Bode bei Thale

Der Wiesener Viadukt der Albula-Bahn

Der Wiesener Viadukt der Albula-Bahn,
Blick schräg empor

Klappbrücke im Hafen Husum

Klappbrücke in Husum, Blick über die geschlossene Brücke
Vorn in der Mitte die Verriegelungsvorrichtung für das Gleis

Wippbrücke über den Trollhätta-Kanal, von der Seite gesehen

Wippbrücke über den Trollhätta-Kanal,
von vorne gesehen

Klappbrücke über den Kanal bei Södertälje, Svealand. Geschlossen

Klappbrücke über den Kanal bei Södertälje, Svealand. Offen

Die Eisenbahnbrücke über den Firth of Forth (Schottland). Zwei Öffnungen von je 521m Spannweite. Stützweite bei jeder Öffnung 51m. Man beachte das Größenverhältnis von Dampfer und Brücke

Bau der Brücke über den Firth of Forth. Hauptpfeiler auf der Queensferry-Seite

Eisenbahnbrücke über den Kymi, Finnland

Eisenbahnbrücke über den Oulunjoki, Finnland

Eisenbahnbrücke bei Autrea, Finnland

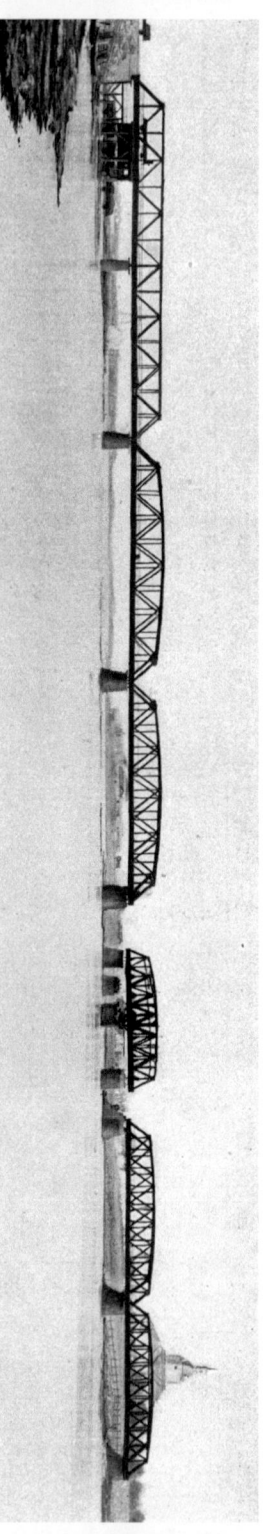

Brücke über den Torneälv bei Haparanda

Brücke über den Ångermanälven bei Formsmo, Norrland

Brücke über den Oreälv, Norrland

Notbrücke über einen Fluss im javanischen Urwald

Der Ghioina-Viadukt in Rumänien

Brücke über einen Nebenfluss der Netze

Zuckerrohrtransportbahn im Distrikt Banjoewangi

Rumänische Waldbahnstrecke
an einem Wasserfall

Brücke der Waldbahn Spiegelau–Mauth (Bayern)

Der Weihanchtszug auf der Etirobrücke

Brücke der Kleinbahn Rosenberg–Landsberg

Brücke über die Rhône

Brücke über den Dale Dreek der Union Pazifik-Eisenbahn
Jetzt ist die Strecke verlegt und die Brücke abgebrochen

Viadukt von Lethbridge, Alta, der Kanadischen Pazifik-Eisenbahn
Zeigt, wie die Strecke durch ein gebiet voll technischer Schwierigkeiten führt

Zweigleisige, sich in einem Bogen spannende Stahlbrücke über den
Niagarafluss, gleich unterhalb des Falles

Die Pecos-Brücke der Südpazifischen Eisenbahn, 219 engl. Meilen
westlich von San Antonio

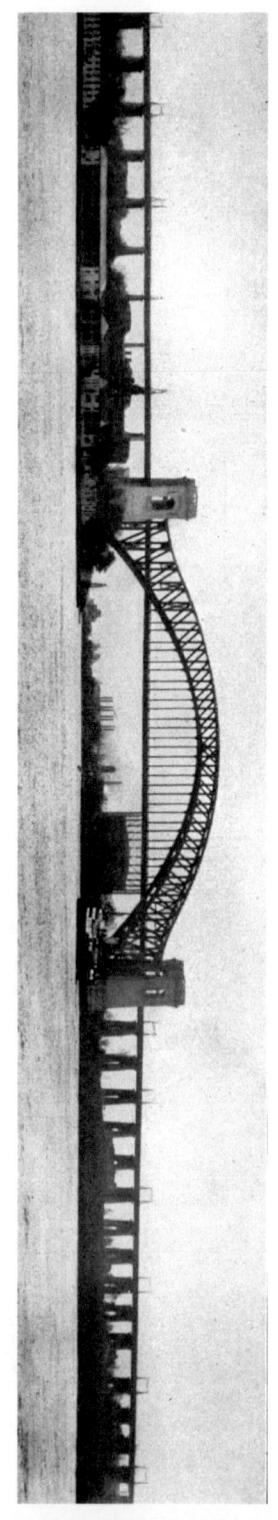

Eisenbahnbrücke über den Susquehanna-Fluss bei Harrisburg, Pennsylvania-Bahn

Hell Gate Bridge, New York, Pennylvania-Bahn

Eisenbahn- und Straßenbrücke über den Jijoki, Finnland

Über den großen Salzsee. Utah, U.S.A.

Brücke über den Fraser Cañon, British Columbia

Eisenbahnbrücke über den Vorderarm des Sanagastromes bei
Edea im Zuge der Kameruner Mittellandbahn

Bau des Sittertal-Viaduktes der Bodensee–Toggenburg-Bahn
Oben zwei Kabelkrane

Eiserner Überbau für eine Eisenbahnüberführung der Strecke
Friemersheim–Trompet, Eisenbahndirektion Köln

Weserbrücke bei Rehme (Oeynhausen)

Dubissabrücke, Litauen

Freihafen-Elbbrücke, Hamburg

Bau der Freihafen-Elbbrücke, Hamburg. Caissontransport

Bau der Freihafen-Elbbrücke, Hamburg. Schwimmcaisson

Brückenbau: Gedeckte Zulage mit auferlegtem Brückenträger

Aufstellung des eisernen Tragwerks der Mittelöffnung des Sitter-Viaduktes,
Bodensee–Toggenburgbahn

Bau der Argentobelbrücke im Allgäu. Freier Vorbau des
eisernen Tragwerks der Mittelöffnung

Erprobung der Bogenbrücke über die Angerschlucht bei Bad Gastein
(Tauernbahn)

Zahnradbahn auf den Pike's Peak in Kolorado. Steilster Teil der Strecke; Höchste Zahnradbahn der Welt (4312m)

Schneebruch auf der Rigibahn

Rigibahn-Station Vitznau (441m). Im Vordergrund-
Drehschreibe; Man beachte die Zahnstangen

Doppelzug der Rigibahn auf Rigikulm
Blick auf die Glaner Alpen

Schnurtobelbrücke der Rigibahn
Zwischen den Schienen die Zahnstange

Station Romiti (1197m) der Rigibahn
Kreuzung von zwei Zügen auf der Doppelspur
ZWischen den Schienen die Zahnstange

Rigibahn. Doppelzug bei Staffelhöhe (1552m). Ausblick auf Vierwaldstät-
ter-See, die Urner- und Unterwaldner-Alpen

Pilatusbahn. Wolfortviadukt mit Blick auf den Vierwaldstättersee

Pilatusbahn
Einsteigende Passagiere auf der
Station Alpnachstad

Pilatusbahn
Zug an der Eselswand, 1900m ü.M.

Wetterhorn – Aufzugsbahn

Kohlererbahn in Tirol

Vigiljochbahn. Wagen auf der Fahrt

Bergbahn Wildbad, Gesamtbild

Teil der alten Strecke Liverpool–Manchester, jetzt der London and North Wester-Eisenbahn gehörend

Doppeltunnel zwischen Stuttgart und Feuerbach

Tunnel beim Finnengraben-Viadukt im Rhônetal (Wallis)

Tunnel an der Bietschtalbrücke, Berner Alpenbahn

Zug der Pilatus-Bahn. Wolfortviadukt und Tunnel

Lötschberglinie vor Kandersteg. Berner Alpenbahn

Tunnel am Hällungen-See in Bohuslän, Götaland

Wiederherstellung eines durch Rauchgas beschädigten Eisenbahntunnels in England mit Hilfe des Torkret-Verfahrens

Ebenso in einem Tunnel der Rhätischen Bahnen

Ausbesserung beschädigter Betongewölbe der Wiener Stadtbahn

Eisenbahnfähre über den Baikalsee, Transsibirische Eisenbahn. Der Dampfer ist gleichzeitig als Eisbrecher gebaut.

Eisenbahnfähre „Lansdowne" über den Detroit River. Das Schiff trägt einen Zug von acht Wagen, deren jeder 72 Fuß lang ist.

Deck des Eisenbahnfährschiffes „Huron", das zwischen Windsor und Detroit auf den Detroit River verkehrt. Kann 16 Güterwagen von je 36 Fuß Länge tragen

Deck des „Drottning Victoria", Eisenbahnfährschiff zwischen Sassnitz und Trelleborg. Man sieht die Schrauben, mittels derer der Zug auf dem Boden befestigt wird, und Pflöcke, die, unter die Achsen der Wagen gelegt, die Federung erhöhen

Doppelschrauben-Eisenbahn-Fährdämpfer „Preußen". Zwischen Sassnitz und Trelleborg (ebenso „Deutschland")

Schneeschutzbauten in Norwegen

Inneres eines Schneeschutzbaues der Kanadischen Pazifik-Eisenbahn

Schneeschleudermaschine der Berner Alpenbahn

Eis-Lokomotive, die schwere, holzbeladene Schlitten zieht. Kanada und Norden der Vereinigten Staaten. Der Führer sitzt ganz vorn und lenkt mittels eines Steuerrades

Wagen der „Great Northern Railway", von einer Lawine erfasst, 90m bergab geschleudert und zerschmettert. Das Unglück geschah bei Wellington, nahe Seattle (U.S.A.)

Zusammenstoß zwischen Express und Personenzug bei Abermule, Montgomeryshire, Wales

Abräumungsarbeiten nach einem Zusammenstoß im Tunnel bei Custon (Süd-Australien)

Zerstörte Wagen nach dem Zusammenstoß zwischen der Lancaster und Yorkshire-Bahn bei Lostock (Boston, Lancaster)

Entgleisung des Calais-Riviera-Express bei Lyon

Seitenansicht des obigen Unfalles

Zwei Krane heben eine umgestürzte Lokomotive

Ausgebrochene Lokomotive

Eisenbahnunglück bei Gravesend
(London)